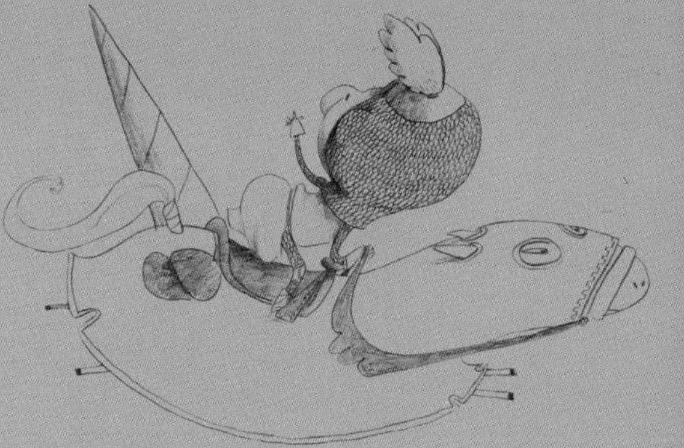

Pour Nicolas, de Belle-Île.

A. J.

Cette histoire est librement adaptée d'un conte traditionnel.

300, rue Léon-Joulin, 31101 Toulouse Cedex 9, France.

Loi 49.956 du 16 juillet 1949 sur les publications destinées à la jeunesse.

Mise en pages : Léa Boutet.

Dépôt légal : 1er trimestre 2016.
ISBN : 978-2-7459-7811-0.
Imprimé en Espagne par Unigraf.

Texte d'Anne Jonas

Illustrations de Bérengère Delaporte

Le chevalier à la courte cervelle

MILAN

Amédée était un chevalier.
Dès qu'il fut en âge d'enfiler son armure tout seul, il posa sans cesse la même question à ses parents :
« Les fées qui se sont penchées au-dessus de mon berceau, qu'ont-elles promis de me donner? »
Et à chaque fois on lui répondait sans se lasser :
« Le plus beau cadeau qui soit : une destinée de roi! »

Ce fut ainsi qu'Amédée passa des années et des années en haut de la plus haute tour de son château. Il guettait sa destinée de roi.

Il la guettait nuit et jour à s'en user les yeux.

Mais rien ne vint jamais au bout du chemin.
Il y avait là quelque chose qui clochait.

Un beau matin, il décida d'aller consulter le sorcier le plus réputé de la contrée.
Lui devait savoir où était passée sa destinée de roi.
Il mit donc son armure, lavée et repassée par sa maman, et prit droit devant.

Rapidement il se dit que, droit devant, c'était bien loin,
et il décida de se reposer un peu. Mais, au moment où
il descendait de cheval, un énorme dragon surgit devant lui.

« Ah toi, le dragon, ce n'est vraiment pas le moment de m'importuner! Je me rends de ce pas chez le plus grand des sorciers, qui me dira comment trouver ma destinée de roi.

– Rassure-toi, chevalier, répondit le dragon d'une voix lasse, tu n'as rien à craindre de moi. Voilà longtemps que j'ai perdu tout appétit. D'ailleurs, si tu vas voir un sorcier, peux-tu lui demander pourquoi je n'ai plus envie de cracher la moindre petite étincelle ni de grignoter le moindre bout de viande?

– Promis, l'ami! », dit Amédée en remontant à cheval.

Un peu plus tard, Amédée se sentit de nouveau fatigué
et décida de s'arrêter.
Le petit arbre qu'il apercevait au loin ferait l'affaire
pour l'abriter le temps d'une sieste.
À peine s'était-il allongé que l'arbre se mit à parler :
« Si ce n'est pas une pitié d'être ainsi âgé de deux cents ans
et d'avoir aussi peu de branches qu'un arbrisseau né dans l'été !
Je suis sûr que, si je ne pousse pas comme les autres arbres,
c'est que quelque chose me coince les racines.
Ne voudrais-tu pas jeter un coup d'œil ?
– Hors de question ! répondit le chevalier en se redressant
sur ses pieds. Je ne suis pas en voyage pour faire du jardinage !
Je me rends de ce pas chez le plus grand des sorciers,
qui me dira comment trouver ma destinée de roi.
– Tant pis… soupira l'arbre. Peux-tu au moins lui demander
pourquoi je ne pousse pas ?
– Promis, l'ami ! »
Et Amédée reprit sa route.

À la tombée du soir, Amédée vit une haute tour à moitié effondrée et décida d'y passer la nuit. Mais alors qu'il fermait les yeux il entendit pleurer.
Il se remit debout péniblement et cria :
« Ohé, de la tour, y a-t-il quelqu'un ?
– Oui, répondit une petite voix pleine de larmes.
– Qui êtes-vous ? Et pourquoi pleurez-vous comme une fontaine ?
– Je suis une princesse qu'on a oubliée ici depuis fort longtemps. Auriez-vous l'extrême bonté de bien vouloir me délivrer ? Pour cela, il vous suffirait de pousser le loquet de la porte d'en bas.
– Mais c'est impossible, voyons ! J'ai bien autre chose à faire ! Sachez que je me rends chez le plus grand des sorciers, qui me dira comment trouver ma destinée de roi.
– C'est bien dommage, dit la princesse en redoublant ses pleurs. Pouvez-vous au moins demander à votre sorcier quel bienfait me ferait cesser de pleurer ? Cela me rendrait un grand service.
– C'est promis, ma mie ! », répondit Amédée en s'en allant.

Le lendemain, Amédée arriva enfin chez le sorcier et entra dans sa demeure aussi sombre que la nuit. Dedans, cela sentait le corbeau bouilli et le chat farci. Le sorcier lui dit aussitôt :
« Chevalier, je sais ce que tu veux. Ma réponse est simple : ta destinée est sous tes pas. Ils te mèneront peut-être à l'autre bout de la terre, ou seulement sous ton lit… Toi seul peux en décider… »
Amédée n'en revint pas ! Sa destinée de roi l'attendait sans doute chez lui ! Et lui qui n'avait même pas pensé à regarder sous son lit !
Le chevalier, terriblement pressé de s'en retourner, était déjà au seuil de la porte quand le sorcier le retint.
« Tu dois me poser trois questions avant de t'en aller, c'est la règle… »

1
2

Amédée se rappela alors ses trois promesses faites au dragon, à l'arbre et à la princesse.
Le sorcier ne se gratta même pas la barbe et répondit tout de suite.
« Pour la demoiselle, c'est simple, il lui faut un époux. Pour l'arbre, ce n'est pas plus compliqué, il faut déterrer l'énorme trésor qui emprisonne ses racines. Pour le dragon, il s'agit d'un remède plus étrange : il lui faut manger le plus grand crétin qu'il pourra trouver. Cela fait, il retrouvera son appétit d'antan. »
Amédée prit à peine le temps de remercier et remonta en selle, bien décidé à ne pas s'arrêter avant d'être rentré chez lui.

Passant devant la tour, il appela la princesse, qui trempait toujours ses mouchoirs.
« J'ai questionné le sorcier. Pour que vous cessiez de pleurnicher, il vous suffit de dénicher un mari.
– Eh bien, c'est tout simple alors, dit la jeune femme en souriant pour la première fois depuis des mois. Puisque vous cherchez votre destinée de roi, épousez-moi : je suis une vraie princesse !
– Pas le temps ! répondit Amédée. Ma destinée est chez moi, sans doute sous mon lit. Débrouillez-vous sans moi ! »
Cela dit, il s'en alla.

Un peu plus tard, il passa devant l'arbre.
« J'ai questionné le sorcier. Pour que tu pousses, il suffit d'arracher l'énorme trésor qui étouffe tes racines et t'empêche de grandir.
– Eh bien, c'est tout simple alors ! dit l'arbre. Délivre-moi, et tu auras tout l'or que tu désires !
– Désolé, répondit Amédée, je n'ai pas le temps ! Il faut que je m'occupe de ma destinée de roi ! Débrouille-toi sans moi ! »
Et sur ces mots il s'en alla.

Il avait complètement oublié le dragon lorsqu'il l'aperçut, couché en travers du chemin.

« J'ai questionné le sorcier. Il m'a dit que tu ne retrouverais l'appétit qu'à la condition de dévorer un crétin.

– Mais quel genre de crétin ?

– Que veux-tu que je te dise ? Un abruti doublé d'un ahuri. Un imbécile d'élite. Un bécasson de compétition. Une andouille aux allures de niguedouille ou encore un ballot hors du lot. Je t'accorde que cette réponse est étonnante. Mais, vois-tu, ce sorcier est un peu spécial... D'ailleurs, les réponses qu'il m'a faites pour l'arbre et la princesse étaient également un tantinet bizarres... Écoute, je n'ai vraiment pas le temps, il faut que je rentre chez moi. »

Comme Amédée remontait en selle, le dragon l'attrapa par le plumeau de son heaume.

« Que dis-tu ? »

Amédée répondit, exaspéré :
« Le sorcier m'a dit que la princesse que j'ai rencontrée ne cesserait de pleurer qu'à la condition de trouver un mari, et que l'arbre sous lequel j'ai voulu faire une sieste ne grandirait que si on déterrait le trésor étouffant ses racines.
– Et, toi, qu'as-tu fait? demanda le dragon, qui sentait la fumée lui monter aux narines.
– J'ai fait ce que l'on fait quand on est attendu chez soi par une destinée de roi : me dépêcher de rentrer... »
Le dragon laissait maintenant échapper de son nez quelques petites flammes.
« Comment appelles-tu un homme qui cherche sa destinée de roi et qui refuse d'épouser une princesse et de déterrer un trésor?
– Je dirais qu'il s'agit d'un abruti doublé d'un ahuri. Un imbécile d'élite. Un bécasson de compétition. Une andouille aux allures de niguedouille ou encore un ballot hors du lot.
– Je suis heureux que nous soyons d'accord », conclut le dragon en se jetant sur Amédée et en l'avalant d'une seule bouchée.

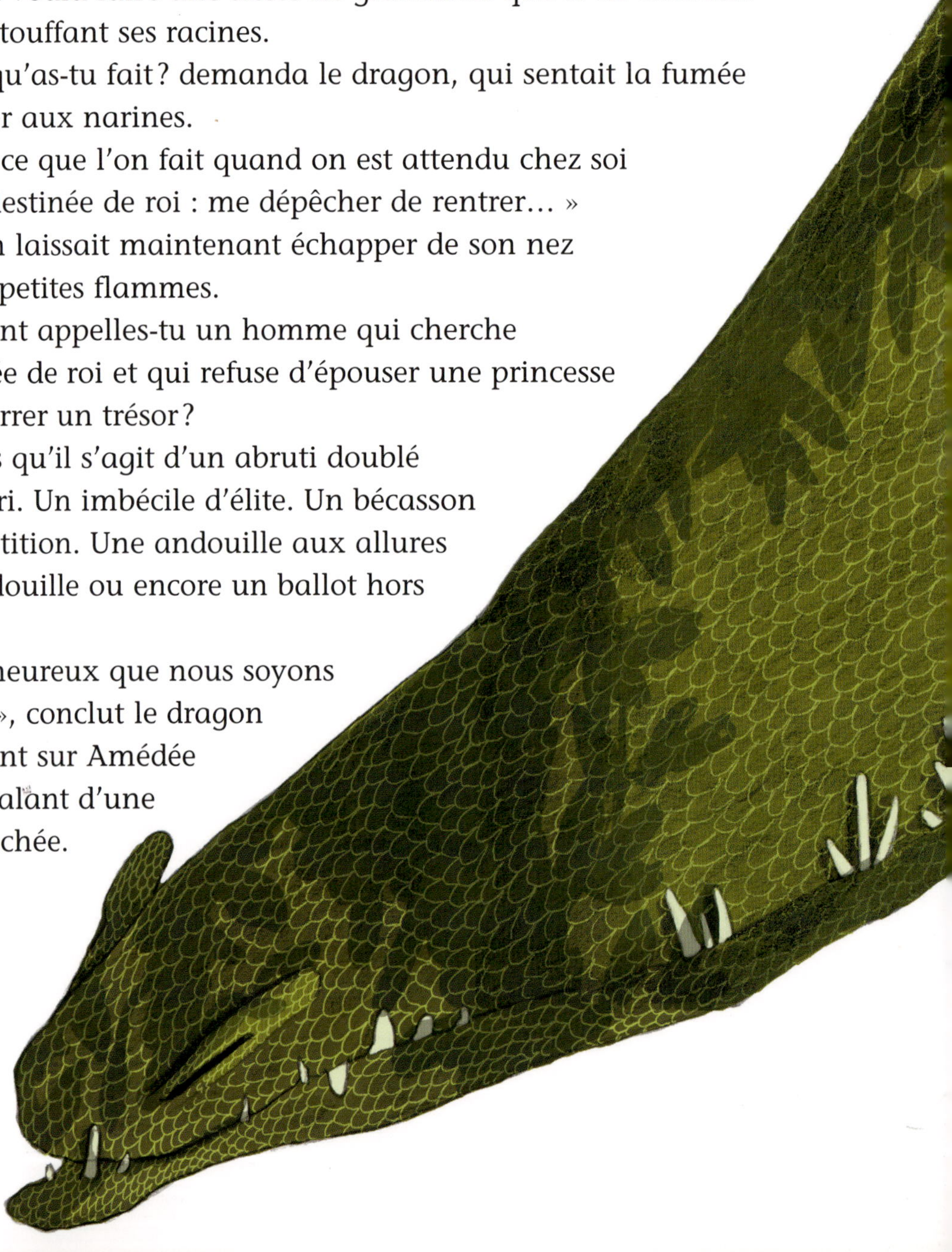

Messire

Seul le dragon qui l'avait mangé sut ce qui était arrivé à Amédée.
Mais, comme une fois qu'il eut digéré il se hâta de l'oublier,
il ne raconta rien.
Alors, comme à chaque fois que l'on ignore tout, on parla beaucoup.
Certains avaient vu Amédée délivrer une princesse oubliée
dans un donjon, d'autres l'avaient aperçu à la tête d'une immense
armée, d'autres encore étaient sûrs qu'il était devenu un célèbre
chasseur de dragons…
Et ce fut ainsi qu'il entra malgré tout dans la légende.

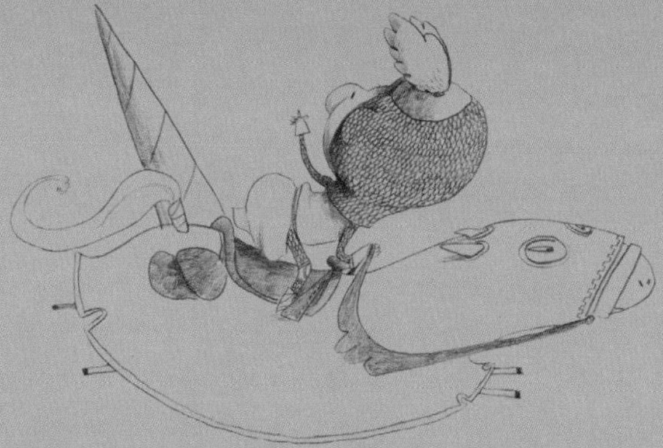

Dès 3 ans

- Aimez-vous les bébés ?
- Boucle d'or et les trois ours
- Bouh !
- Le capitaine Jean Lafrousse
- Ça se peut ou ça se peut pas ?
- C'est ta faute !
- Et crac !
- Je suis quoi, moi ?
- Je veux qu'on m'aime
- La longue marche des doudous
- Nina dans la tempête
- La Petite Souris, le père Noël et le lapin de Pâques
- Pourquoi ? Parce que je t'aime
- Quel est le secret du père Noël ?
- Qui conduit ?
- La soupe au caillou
- Les trois petits cochons
- Tu es trop petit !
- Un agneau pour le dîner

Dès 5 ans

- Cardamome la sorcière
- Cendrillon
- Docteur Alphonse, médecin sous-marin
- Le fils de Cardamome
- Histoire de Pépin qui voulait être un grand roi
- Il ne faut pas faire pipi sur son ombre !
- Il y a quelqu'un sous mon lit
- J'ai 5 ans et je ne pleure plus
- Le jeune loup qui n'avait pas de nom
- Je vais y arriver !
- Jinko le dinosaure
- Kirikou et la girafe
- Kirikou et le collier de la discorde
- Kirikou et le fétiche égaré
- Kirikou et les ombres
- La maîtresse a de grandes oreilles (avec des poils dedans)
- Loup-Gris
- La maman la plus méchante du monde
- Ma mère a des super-pouvoirs
- Même pas peur !
- Monsieur Leloup est amoureux
- Monsieur Zizi
- Tibert et Romuald
- Un bon point pour Zoé

Dès 7 ans

- Les fables de La Fontaine
- Jason et la Toison d'or
- Persée et Méduse
- Thésée et le Minotaure
- Ulysse et le cheval de Troie
- Ulysse et le Cyclope